W0407212

NIVEAU 1

Le fil rouge

Évelyne Siréjols

Édition : Brigitte Faucard
Illustrations : Thierry Beaudenon
Direction artistique audio : Anne-Sophie Lesplulier
Conception couverture et mise en page : Christian Blangez
Photo de couverture : Ph. © Julien Cordier / Hoa-Qui / Eyedea

© 2010, SEJER
ISBN : 978-2-09-031403-8
© 2010, Santillana Educación, S.L.
Torrelaguna, 60 – 28043 Madrid
ISBN : 978-84-96597-98-3

1. Observez les illustrations des différents chapitres et répondez.

À votre avis...

– qui sont les personnages principaux ?
– où vivent-ils ?
– où se passe l'histoire ?

2. Cadrage.

a. Une partie de l'histoire se passe en Chine et à Hong-Kong. Regardez une carte pour situer la Chine et les villes de Guilin et de Hong-Kong.

b. Complétez le texte avec : *économie, province, colonie, montagnes, riz, chinoise.*

Hong-Kong est une ville ...... avec une ...... riche et un gouvernement spécial, différent du reste de la Chine. Avant, c'était une ...... britannique.

Le Yunnan est une ...... chinoise pauvre, avec de très belles ......, dans le sud-est de la Chine. Les habitants des campagnes vivent de la culture du .... Guilin est une grande ville du Yunnan.

3. Reliez le mot et la définition.

a. des jumeaux / des jumelles

b. un sosie

c. adoption

d. un talisman

1. Personne qui, physiquement, est exactement comme une autre personne ; double.

2. Fait d'adopter, de prendre légalement pour fils ou fille un enfant qui n'est pas son propre enfant.

3. Objet porte-bonheur, qui donne de la chance : un trèfle à quatre feuilles, par exemple ; amulette.

4. Garçons ou filles de la même mère, nés en même temps.

Présentation

Lou :
elle a 22 ans. Elle étudie la photographie.

Suzy :
c'est une camarade de classe et une amie de Lou.

Anne :
c'est la mère de Lou.
Elle est professeur d'anglais.

Pierre :
c'est le père de Lou.
Il travaille dans une compagnie d'assurances.

Meï :
elle est chinoise, elle habite à Hong-Kong et elle est guide touristique.

Chapitre 1

La famille Ledoux

– Lou, dit Anne, ouvre, **je dois** entrer dans la salle de bains. Je vais être en retard au collège à cause de toi. Et toi aussi, tu vas être en retard à la **fac** !

– Une minute, maman, je me coiffe et je sors... Voilà, tu peux entrer.

– Merci... et prends ton petit-déjeuner avant de partir !!!

– Pas le temps, dit Lou… Au revoir maman, à ce soir !

* * *

Impossible de décrire Lou sans parler de ses beaux cheveux bruns et lisses ! Tous les matins, elle les brosse longuement ; c'est sa seule coquetterie : pas de maquillage, pas de **bijoux**, excepté **parfois** un **pendentif**.

Petite et mince, sportive, elle porte généralement un jean, un T-shirt et un grand pull. Lou est jolie, elle a des

je dois : verbe *devoir* = être dans l'obligation de ; *je dois, tu dois, il doit.*
la fac (fam.) **:** abréviation de la faculté = l'université.
un bijou : petit objet (en or, en argent) qu'on porte comme ornement = un collier, un anneau, une bague, un **pendentif** (= par exemple, une médaille suspendue à un collier).
parfois : de temps en temps.

yeux noirs en amande et une bouche bien dessinée. Son nez est petit, vraiment petit.

Le violet est sa couleur préférée ; elle met souvent des vêtements de cette couleur ou... noirs.

Lou a 22 ans. Elle veut être photographe ou journaliste : elle adore faire des photos et elle aime lire aussi. Elle est étudiante, en 1re année, à l'école de photographie de Paris.

Tous les matins, elle attend le dernier moment pour se lever : c'est agréable de rester au lit ! Quinze minutes plus tard, elle descend rapidement les escaliers de son immeuble (elle déteste prendre l'ascenseur) pour aller à ses cours. Naturellement, elle n'a pas le temps de déjeuner... ce qui contrarie sa mère.

– Lou, tu n'es pas raisonnable. Mange un peu...

Mais c'est inutile. La jeune fille ne l'écoute pas.

Lou est passionnée par ses cours. Elle a de bonnes relations avec ses professeurs et elle étudie avec enthousiasme. Elle a aussi une autre passion : se promener dans les rues de Paris, sur les bords de la Seine et prendre des photos. Elle connaît très bien Paris.

des yeux en amande : des yeux allongés en forme d'amande (petit fruit sec de forme ovale), caractéristiques des Asiatiques.
souvent : fréquemment.
un journaliste : personne qui écrit des articles dans les journaux, les revues, donne des informations à la radio ou à la télévision, fait des reportages.
un immeuble : grand édifice qui a différents appartements.
un cours : leçon sur une matière. *Le professeur d'histoire donne son cours à 8 h.*
un peu : un petit nombre, une petite quantité.
très : extrêmement.

Lou a aussi une autre passion : se promener sur les bords de la Seine et prendre des photos.

* * *

La famille Ledoux a un grand appartement dans le 17e **arrondissement**, derrière le Parc Monceau.

Pierre et Anne Ledoux ont une seule fille et ils sont très **fiers** d'elle. Ils la trouvent affectueuse et intelligente ; pour eux, c'est la fille idéale !

Anne Ledoux est une femme petite, un peu **ronde**, souriante et **gaie**. À la maison, sa pièce préférée, c'est la cuisine. Là, elle prépare des plats délicieux -c'est en effet une excellente cuisinière-, et elle prépare aussi ses cours,

un arrondissement : division administrative de certaines grandes villes de France comme Paris, Lyon... À Paris, il y a 20 arrondissements.
fier : orgueilleux, très content.
rond : ici, gros.
gai : qui est de bonne humeur et qui rit souvent.

car elle est professeur d'anglais dans un collège parisien. Quand elle corrige ses **copies**, en fin d'après-midi, il y a souvent un bon plat sur le **feu**.

Le week-end, elle aime sortir avec Pierre, son mari. Ils vont voir des expositions de peinture, visiter des musées. De temps en temps, ils vont au cinéma ou au théâtre. Ils ont aussi **beaucoup d'**amis qu'ils voient le soir. Dîner chez les Ledoux est un plaisir : le repas est succulent et la compagnie très agréable.

***

Pierre a **presque** cinquante ans. Il a les cheveux gris et une apparence sérieuse.

Il travaille dans une compagnie d'**assurances**. Pour aller au travail, il met un **costume sombre**, une chemise et une cravate ; il paraît alors plus sérieux et plus vieux !

Pierre travaille beaucoup. Le soir, quand il rentre à la maison, il aime retrouver Anne et Lou et parler avec elles, ou regarder un film à la télévision.

Le week-end, Pierre est un autre homme : il abandonne son style sévère pour des vêtements **décontractés**. Tôt le

une copie : devoir écrit par un élève.
le feu : ici, source de chaleur pour faire cuire les aliments. *Elle met la casserole de soupe sur le feu pour la faire chauffer.*
beaucoup de : un grand nombre, une grande quantité de (≠ peu de).
presque : quasiment.
une assurance : système de protection financière contre les accidents, les vols, les incendies, etc.
un costume sombre : vêtement d'homme composé d'un pantalon et d'une veste de la même couleur ; ici, il est de couleur foncée, sombre (noir ou bleu marine).
décontracté : ici, confortable, pratique.

– Le petit-déjeuner est prêt, je vous attends, annonce Pierre.

matin, il va faire une longue promenade dans le **quartier.** Quand il revient, il achète **toujours** des croissants et du pain pour le petit-déjeuner de « ses femmes ».

Chez les Ledoux, c'est une habitude, le petit-déjeuner du week-end. Pour Lou aussi !!!

***

De la cuisine, Pierre annonce :

– Le petit-déjeuner est prêt, je vous attends : café, pain, croissants, beurre et confiture. Vite, le café va être froid !

Lou et Anne arrivent et s'installent à table.

– Merci Pierre, dit Anne. Hum ! Les croissants sont chauds, quel délice !

un quartier : partie d'une ville.
toujours : de manière habituelle, tout le temps.

– Bonjour papa, dit Lou. Mais il est quelle heure ? **J'ai sommeil**...

– Dix heures et demie, répond Pierre. Une heure décente pour se lever, non ? Qu'est-ce que vous voulez faire aujourd'hui ?

– J'ai rendez-vous avec Suzy à 14 heures devant le Centre Pompidou : on doit préparer un travail pour l'école, dit Lou.

– Un travail sur quoi ? demande Anne.

– Sur **Robert Doisneau**. C'est pour mercredi et on est en retard !

– **Dommage** ! dit Anne. Et toi, Pierre, tu as une idée ? Il y a une nouvelle exposition au Grand Palais, sur **Courbet**. Ça t'intéresse ?

– Pourquoi pas ? dit Pierre. J'aime bien ce peintre. Et ce soir, je vous invite au restaurant ! Je connais un bon restaurant dans le quartier du Marais. Tu nous retrouves là-bas, Lou ?

– Je ne sais pas, papa, ça dépend de notre travail...

– Viens avec Suzy.

– C'est une bonne idée ! je vous appelle. Bon, je **file**. Merci pour les croissants, papa. Super bons !!!

j'ai sommeil : je veux dormir un peu plus.
Robert Doisneau : (1912-1994) célèbre photographe français.
Dommage ! : ici, c'est un peu contrariant mais ce n'est pas grave.
Courbet : (1819-1877) peintre français.
filer (fam.) **:** partir vite.

1. Vrai ou faux ?

	V	F
a. Lou aime se lever tôt le matin.	☐	☐
b. Elle habite avec sa famille à Paris.	☐	☐
c. Elle fait des études de médecine.	☐	☐
d. Pierre est médecin.	☐	☐
e. Anne est professeur d'anglais.	☐	☐
f. Tous les dimanches, les Ledoux prennent leur petit-déjeuner ensemble.	☐	☐

2. Entourez la bonne réponse.

a. Lou est *grande – petite.*

b. Elle a les cheveux *longs – courts – frisés.*

c. Elle porte parfois *des boucles d'oreille – un pendentif.*

d. Elle adore *se promener dans Paris – jouer au tennis.*

3. Qui est-ce ? Reliez.

Cette personne...

a. adore cuisiner.

b. prépare le petit-déjeuner tous les dimanches.

c. doit faire un travail sur un photographe français.

d. aime faire des photos dans Paris.

e. aime faire une promenade dans son quartier le dimanche matin.

1. Pierre

2. Anne

3. Lou

4. Entourez la bonne réponse.

Aujourd'hui...

a. Lou va *travailler – se promener* avec une amie.

b. Anne et Pierre vont *aller au théâtre – voir une exposition.*

c. Ce soir, ils vont tous dîner *au restaurant – chez des amis.*

Lou attend Suzy à la terrasse du café Beaubourg.

Chapitre 2

LOU

Il fait beau, un peu **frais**. Lou attend Suzy à la terrasse du café Beaubourg, situé face au Centre Georges-Pompidou. Le **serveur** arrive :

– Vous désirez, mademoiselle ? demande-t-il.

– Un café, s'il vous plaît. Euh, non, un thé vert, corrige-t-elle.

– Très bien, dit-il.

Lou sort de son sac son appareil photo. Un groupe de musiciens joue devant le café. Les gens s'arrêtent pour écouter. Lou voit un **couple** d'amoureux, ils sont beaux, elle prend une photo. Clic clac. Actuellement, Lou n'a pas de **petit ami**... avant, oui… Léon... mais c'est fini ! Maintenant, elle est libre, elle voit ses amis, elle va où elle veut, quand elle veut. Elle pense un instant à Léon ; ils sont tous les deux **si** différents. Lui, il est passionné par l'informatique, Internet, les programmes et les jeux interactifs. Elle, ça ne l'intéresse pas. Elle aime la nature, les

frais : légèrement froid.
un serveur : personne qui sert les clients dans un café ou dans un restaurant.
un couple : deux personnes ensemble (= l'une avec l'autre) ou qui vivent ensemble (cohabiter) = **vivre en couple**.
un petit ami : amoureux.
si : adverbe d'intensité : à ce point, à un tel degré.

promenades, la photo. Elle n'a pas envie de vivre en couple... pas maintenant... elle se sent bien chez elle avec ses parents. Alors, c'est vraiment fini avec Léon !

Un rayon de soleil passe entre les feuilles. Encore une jolie photo, clic clac !

Le serveur revient.

– Voilà votre thé, mademoiselle. Oh ! vous faites des photos ? C'est beau Paris, hein ? Vous venez d'où, du Japon ? Vous parlez bien français !

– Non, je suis française, répond Lou d'un ton sec. C'est combien ?

– 3 euros 20.

– Voilà.

– Merci, dit le serveur.

Lou n'aime pas qu'on lui demande d'où elle vient… Son histoire lui appartient, à elle seule et à ses parents.

* * *

Paris, 1986

Pierre et Anne ***sont mariés depuis*** *cinq ans. Pierre a 31 ans et Anne 28 ans. Ils travaillent tous les deux, ils habitent un joli appartement dans Paris et ils ont une vie agréable. L'été, ils voyagent à l'étranger. Ils passent souvent leurs vacances en Asie.*

avoir envie de : désirer.
une feuille : partie verte des arbres. *Les feuilles tombent en automne et apparaissent à nouveau au printemps.*
encore : ici, de nouveau.
hein ? (fam.) : n'est-ce pas ? tu ne penses pas ?
se marier : s'unir par le mariage (union légale de deux personnes).
depuis : à partir de (un moment donné).

Quand ils prennent le bébé dans les bras, ils sont fous de joie !

Le week-end, Pierre dessine, Anne cuisine. Ils sont bien ensemble ; ils ont tout pour être heureux. Tout ? Non... ils n'ont pas d'enfant...

Un jour, ils prennent la décision d'adopter un enfant. Ils commencent à s'informer et comprennent vite que ce n'est pas facile d'adopter un bébé.

Ils entrent en contact avec une association et un matin, après des mois de ***démarches administratives****, de coups de téléphone, de lettres et d'entrevues, ils vont à l'aéroport chercher une petite fille d'origine chinoise, de père et de mère* ***inconnus*** *: Lou. Quand ils prennent le bébé dans les bras, ils sont fous de* ***joie*** *! Elle a 6 mois ; elle est petite et paraît fragile. Ses yeux sont extraordinaires : noirs, très vifs. Ses*

une démarche administrative : formalité pour obtenir quelque chose (ici, adoption d'un enfant).
inconnu : qu'on ne connaît pas.
la joie : grande satisfaction.

cheveux aussi. Au bras, elle a une ***pièce*** *chinoise* ***trouée et attachée*** *à un* ***fil*** *rouge : le seul* ***souvenir*** *de l'histoire de Lou avant sa vie chez les Ledoux !*

Lou ***grandit****. C'est une adorable petite fille ! Anne et Pierre lui parlent de son adoption avec de jolis mots : « Tu viens d'un pays avec de grandes montagnes et des* ***papillons*** *de toutes les couleurs. Tes cheveux sont comme la* ***soie*** *et tes yeux comme les pierres qu'on trouve dans les montagnes, en Chine. »*

Lou sait que ses parents ne sont pas ses parents biologiques mais elle les aime énormément, peut-être à cause de cela. Elle n'a pas envie d'aller en Chine… elle est bien ici, à Paris !

* * *

Les musiciens vont s'installer devant la terrasse d'un autre café.

Suzy arrive.

– Bonjour Lou, dit-elle, excuse-moi, je suis en retard. Impossible de trouver un bus !

– Salut Suzy, répond Lou. Pas grave, il fait beau... Tu prends quelque chose ?

– Oui... un café, s'il vous plaît, dit Suzy au serveur.

– Tu sors ce soir ? demande Lou.

– Non, répond Suzy, pourquoi ?

une pièce trouée et attachée : un euro est une pièce de monnaie. Là, la pièce chinoise a un petit orifice et est fixée à un **fil,** corde très fine (en coton, en lin, en soie...).
un souvenir : ici, objet qui permet de penser à un lieu, à une personne...
grandir : ici, avec le temps, se transformer de bébé en petite fille.
un papillon : insecte aux grandes ailes colorées.
la soie : textile très fin et brillant, d'origine orientale.

Anne et Pierre lui parlent de son adoption avec de jolis mots.

– Mes parents t'invitent à dîner. Tu es d'accord ?

Le serveur revient et dit :

– Et voilà votre café, mademoiselle ; ça fait 2 euros 50.

Suzy **remercie** et dit à Lou :

– C'est gentil mais je ne veux pas vous **déranger** !

– Allez, viens, insiste Lou, ils vont être très contents. Je les appelle pour dire que tu acceptes.

– D'accord, dit Suzy. Je bois mon café et on va à la bibliothèque. On a du travail ! À propos, la semaine prochaine, ma cousine Charlotte vient à Paris ; elle a 12 ans et, pour la première fois, elle vient sans ses parents. Elle veut absolument aller sur les **bateaux-mouches**. Tu nous accompagnes ?

– Pourquoi pas, répond Lou. C'est une bonne occasion de faire des photos. J'adore les ponts et la Seine au printemps. Bon, on y va...

remercier : dire merci.
déranger : importuner.
un bateau-mouche : bateau à moteur, à Paris, qui permet aux passagers, aux touristes de voir, de la Seine, les monuments de Paris.

COMPRENDRE

1. Vrai ou faux ? **V F**

a. Au café, Lou prend une eau minérale et lit un livre. ☐ ☐

b. Le serveur pense que Lou est une touriste japonaise en vacances. ☐ ☐

c. Lou n'aime pas qu'on lui demande d'où elle vient. ☐ ☐

d. Elle a un petit ami. ☐ ☐

2. Entourez les bonnes réponses.

Lou aime :

l'informatique – la photo – la nature – les jeux interactifs – les promenades – les livres

3. Remettez ces phrases dans l'ordre de l'histoire.

a. Pierre et Anne vont à l'aéroport chercher Lou.

b. Ils sont mariés depuis cinq ans.

c. Ils racontent à Lou une belle histoire sur son adoption.

d. Ils décident d'adopter un bébé.

e. Ils sont heureux mais ils n'ont pas d'enfant.

f. Lou sait que Pierre et Anne sont ses parents adoptifs.

g. Ils travaillent tous les deux et ont une vie agréable.

4. Répondez.

Lou garde un souvenir de son histoire chinoise. Qu'est-ce que c'est ? ....

5. Cochez la bonne réponse.

a. Suzy propose à Lou...

1. d'aller avec elle chez sa tante. ☐

2. d'aller en bateau-mouche avec sa jeune cousine. ☐

b. Lou...

1. accepte. ☐

2. ne veut pas. ☐

Chapitre 3

Meï

– Bonjour Meï, dit Mary. J'ai un voyage pour toi : la semaine prochaine, tu pars à Paris pour quatre jours. Tu vas accompagner un groupe de touristes. Départ de l'aéroport jeudi 15 mai, à 23 h 25. Vous voyagez sur *Air France*. C'est un vol direct. Vous arrivez à Paris vendredi, à 6 h 20, à l'aéroport Charles de Gaulle. Retour, lundi 19, à 23 h 15. Les chambres sont réservées à l'hôtel Concorde. La réservation est au nom de *HK Tour*. Je termine le programme et je te donne ça demain. D'accord ?

– Formidable, répond Meï, j'adore aller à Paris. Merci Mary.

– Oui, je sais, dit Mary ; tu parles français, donc les voyages en France sont pour toi ! Normal, non ?... Ah ! Sonia, tu pars pour Londres à la fin de la semaine…

– Bon, dit Meï, à demain. Encore merci, Mary, tu es un amour !

* * *

Meï travaille dans une agence de voyages à Hong-Kong. Elle voyage dans le monde entier mais ses destinations préférées sont les pays européens, en particulier la France parce qu'elle parle très bien français. Pourquoi parle-t-elle français ? Parce que sa tante Alice est française.

Alice, c'est la femme de son oncle John ou Yao (son prénom chinois), le frère de sa mère. Ils sont mariés depuis 25 ans. Ils ont deux enfants : Laura, 15 ans, et Peter, 18 ans. Meï habite avec eux pratiquement depuis sa **naissance**.

Yao a une histoire compliquée.

* * *

Chinois de Chine populaire, il vient d'une famille très pauvre du Yunnan. À l'âge de 18 ans, il part travailler à ***Hong-Kong****. Là, il exerce différents petits* ***métiers*** *pour vivre :* ***coursier****, vendeur de journaux... Il apprend l'anglais et il entre enfin au journal* South China Morning Post*, comme journaliste. Peu après, il rencontre Alice qui est professeur de français à l'Université de Hong-Kong. Yao, qui maintenant s'appelle John, est seul, comme Alice. Ils se voient souvent et un jour... ils décident de se marier.*

Deux ans après, John apprend que sa sœur va très mal : son mari l'a abandonnée, elle et ses deux ***filles jumelles*** *de trois mois. Elle est seule, sans argent, et ne peut pas* ***élever*** *ses filles. La pauvre mère, désespérée, décide de confier une de ses filles à Yao. John et Alice acceptent immédiatement.*

* * *

la naissance : commencement de la vie, moment où un enfant naît.
Hong-Kong : ancienne colonie britannique, Hong-Kong, qui est en Chine, a un système politique et administratif différent du reste du pays.
un métier : profession.
un coursier : personne qui fait des courses pour une entreprise : il va chercher ou apporte des lettres, des paquets...
des filles jumelles : filles de la même mère, nées en même temps.
élever : s'occuper de, éduquer.

Meï va donc vivre chez son oncle et sa tante, à Hong-Kong.

Meï va donc vivre chez son oncle et sa tante, à Hong-Kong.

Elle se sent vite très bien dans sa nouvelle famille. Elle va à l'école française ; puis elle entre à l'université où elle fait des études de tourisme.

Aujourd'hui, elle a 22 ans et elle travaille à *Hong-Kong Tour* comme guide touristique. Elle habite **encore** avec Alice, John et ses deux cousins ; dans la famille, tout le monde parle le français, l'anglais et le cantonais.

Meï connaît son histoire. Elle va de temps en temps voir sa mère, en Chine. Elle garde, comme un **trésor**, le petit fil rouge avec la pièce chinoise trouée, l'amulette donnée par sa mère au moment de la séparation. Parfois, le soir, elle le regarde et elle pense à la vie difficile de sa mère, dans ce village pauvre du Yunnan. Elle pense aussi avec tristesse à

encore : ici, indique que l'action, l'état continue (= vivre chez John et Alice).
un trésor : ici, chose qui a une grande valeur sentimentale.

sa sœur jumelle, morte peu après son départ... et elle se dit qu'elle **a beaucoup de chance** de vivre à Hong-Kong ! Ici, la vie est facile ! John et Alice sont très affectueux avec elle et elle a d'excellentes relations avec Peter et Laura. Elle les considère comme son frère et sa sœur.

* * *

Vendredi 16 mai, 8 heures du matin.

Meï arrive à la réception de l'hôtel Concorde.

– Bonjour, dit-elle, je suis Meï Sau. J'arrive de l'aéroport avec un groupe de 15 touristes. Je travaille pour l'agence *Hong-Kong Tour*. Vous avez des réservations pour nous ?

– Oui, en effet, répond la réceptionniste. Nous avons une réservation pour 6 chambres doubles et 3 chambres simples. Vous avez les passeports ? Je vais remplir les fiches de vos clients. Vous êtes sûrement fatiguée ?

– Moi non, répond Meï, mais je pense que mes clients veulent se reposer ; le voyage est long et fatigant. Quelles sont nos chambres ?

– Vous avez les chambres 507 à 512 et les chambres 519 à 521. Elles sont au 5e **étage**. Voici les **clés**.

– Merci, dit Meï.

Elle va chercher ses clients qui l'attendent dans le hall et les conduit aux chambres.

– Je vous propose de nous retrouver à 10 h 30 pour le petit-déjeuner, ça va ? La salle de restaurant est au 6e étage.

avoir de la / beaucoup de chance : être (très) favorisé par le sort.
un étage : chaque niveau d'un immeuble.
une clé : objet en métal qui permet d'ouvrir et de fermer une porte.

– Je pense que mes clients veulent se reposer ; le voyage est long et fatigant, dit Meï.

Tout le monde paraît satisfait, excepté Mme Li. Sa valise n'est pas dans sa chambre mais dans le hall. Mme Li a toujours des problèmes. Elle n'aime pas le repas servi dans l'avion, elle ne peut pas dormir, elle a mal à la tête, elle a soif… C'est une cliente un peu difficile ! Heureusement, il y a une seule Mme Li dans le groupe !

* * *

À 10 h 30, le groupe se trouve à l'entrée de la salle de restaurant. Mme Li est la première devant la porte :

– J'ai faim ! s'exclame-t-elle.

Le **buffet** offre beaucoup de choses délicieuses : croissants et pains au chocolat, fruits, jambon, fromage, œufs, confitures… Les clients de Meï sont contents. Ils vont s'installer aux tables avec une assiette bien pleine. Naturellement, il y a un petit problème avec Mme Li :

un buffet : grande table où il y a des choses à manger et à boire (dans un restaurant, pour une réception...).

– Meï, je ne comprends pas, il n'y a pas de soupes ni de raviolis !

– Mme Li, nous sommes à Paris, pas à Hong-Kong, lui répond Meï avec un aimable sourire. Ici, pour le petit-déjeuner, il n'y a pas de raviolis, pas de soupes… Quand on voyage, **il faut** un peu changer ses habitudes. Prenez ces brioches ou ces croissants. Ils paraissent délicieux ! Je suis sûre que vous allez trouver ça très bon !

Meï et Mme Li s'assoient à une table près des autres clients. Meï donne le programme de la journée :

– Après le petit-déjeuner, nous allons visiter le musée du Louvre puis Notre-Dame. Ensuite, nous allons faire une promenade sur la Seine en bateau-mouche. Ce soir, nous allons dîner dans un restaurant du quartier Saint-Germain. Le minibus nous attend en bas à 11 h 30. Nous avons de la chance, il fait un temps magnifique ! Rendez-vous dans le hall, dans une heure !

* * *

Meï aime son travail mais parfois ses clients sont difficiles : exigeants, jamais contents, comme cette Mme Li… et il faut garder le sourire !

Quand elle voyage, Meï a un peu de temps pour elle... c'est bien ! Mais ce n'est pas suffisant ; parfois, elle **rêve** de rencontrer des jeunes de son âge et de sortir à Paris avec eux et ça, ce n'est pas possible, à cause de ses clients.

il faut : il est nécessaire de.
rêver : ici, désirer intensément, avoir envie.

1. Entourez la bonne réponse.

a. Meï est *japonaise – américaine – chinoise.*

b. Elle est *étudiante – guide touristique – journaliste.*

c. Elle vit *à Hong-Kong – dans le Yunnan.*

d. Elle vit avec *sa mère – son oncle et sa tante.*

e. Son oncle vient *d'une région pauvre de Chine – de France.*

f. Sa tante est *française – chinoise – anglaise.*

g. La sœur jumelle de Meï *vit en Chine – est morte.*

h. Meï a une pièce chinoise : un cadeau de *sa mère – son petit ami.*

2. Remettez l'histoire de Yao-John dans l'ordre.

a. Il se marie avec Alice.

b. Il naît dans une région pauvre de Chine.

c. À 18 ans, il part travailler à Hong-Kong.

d. Il a deux enfants avec Alice : Peter et Laura.

e. Il élève la fille de sa sœur.

f. Il fait plusieurs petits métiers à Hong-Kong.

g. Il devient journaliste à Hong-Kong.

3. Vrai ou faux ?

	V	F
a. Meï va rester une semaine à Paris avec son groupe de touristes.	☐	☐
b. Tous les touristes du groupe sont très agréables.	☐	☐
c. Les touristes vont visiter le Louvre et Notre-Dame.	☐	☐
d. Ils vont faire une promenade sur la Seine en bateau-mouche.	☐	☐
e. Le soir, ils vont aller voir un spectacle.	☐	☐

Le bateau part et se dirige vers Notre-Dame.

Chapitre 4

La rencontre

Lou a rendez-vous à trois heures avec Suzy et Charlotte dans un jardin, sur l'île de la Cité. Suzy arrive à l'heure.

– Salut, dit-elle. Aujourd'hui, je ne suis pas en retard.

– Bravo, répond Lou. Ah, voilà Charlotte ! Bonjour. Alors Paris ?

– C'est super ! répond Charlotte. On fait beaucoup de choses : Suzy me montre tout !

– Et ce n'est pas fini, dit Suzy. Venez, on va acheter les billets, le bateau part dans cinq minutes !

Les filles achètent les billets et montent sur le bateau. Il y a du **monde**, beaucoup d'étrangers.

Le bateau part et se dirige vers Notre-Dame. Le guide commente la visite en français, en anglais et en japonais :

« Le Pont-Neuf est le plus vieux ***pont*** *de Paris. Terminé en 1607… »*

Charlotte regarde tout : les immeubles, les ponts, les bateaux... Suzy et Lou parlent à côté d'elle :

– Tu vas à la fête de Laurent samedi soir ? demande Suzy.

– Je ne sais pas, répond Lou. Les examens arrivent et j'ai du travail…

le monde : ici, un grand nombre de personnes.
un pont : construction qui passe au-dessus d'une rivière et permet de la traverser.

– Je sais, dit Suzy. Mais c'est son anniversaire et il invite **plein de** copains. On va s'amuser, c'est sûr !

– Bon, je vais réfléchir..., dit Lou.

Le bateau se dirige maintenant vers l'Institut du Monde Arabe et passe devant le musée de la sculpture en plein air.

« *Ce jardin, ouvert en 1980, présente des sculptures du XXe...* »

– Le bateau change de direction, c'est fini ? demande Charlotte. On ne passe pas devant la Tour Eiffel ?

– Si, répond Suzy. Maintenant, on va passer de l'autre côté de l'île Saint-Louis puis on va voir le musée du Louvre.

« *Voici maintenant l'***Hôtel de ville***. Il* **date de** *1871. Ici, se décide la politique de Paris…* »

Brusquement, Suzy touche le bras de Lou et dit :

– Eh, Lou, regarde cette fille, là-bas. Elle te **ressemble**, c'est incroyable !

– Je ne vois pas. Quelle fille ? demande Lou.

– La fille qui est avec un groupe de Japonais ou de Chinois ; elle montre quelque chose. Elle a les cheveux plus courts mais elle a les mêmes yeux que toi, et elle mince comme toi.

– Bon, **et alors** ? dit Lou. C'est une Chinoise en vacances à Paris ; c'est normal au printemps !

– Elle te ressemble énormément, insiste Suzy. C'est incroyable ! Va te mettre à côté d'elle, je vais faire une photo. Passe-moi ton appareil !

plein de : un grand nombre de.
un hôtel de ville : édifice où se trouvent les bureaux du maire (personne élue par le conseil municipal pour diriger la ville) et de l'administration d'une grande ville.
dater de : exister depuis (une certaine époque).
ressembler (à quelqu'un) : avoir un aspect physique très similiaire.
et alors ? : ici, « et quelle importance ? »

Suzy prend une autre photo : mêmes yeux rieurs, même sourire...

– Parfois, je ne te comprends pas, répond Lou, mais... bon, d'accord, on fait une photo !

Lou, un peu **gênée**, se dirige vers le groupe de touristes asiatiques et elle se met à côté de la jeune fille. Suzy prend la photo. Les cheveux de Lou volent dans le **visage** de sa voisine. Lou s'excuse et elles se regardent. Les touristes sont surpris et ils disent quelque chose mais Lou ne comprend pas. Les deux jeunes femmes se regardent à nouveau -elles aussi sont surprises- et, brusquement, elles **se mettent à** rire. Clic clac. Suzy prend une autre photo : mêmes yeux **rieurs**, même sourire…

– Vous êtes en vacances ici ? demande la jeune femme.

– Non, répond Lou, j'habite ici. Et vous ?

– Moi, je suis guide. J'accompagne un groupe de touristes de Hong-Kong. Vous êtes originaire de Chine ?

– Oui, répond Lou, mais ma famille habite ici et je ne connais pas la Chine.

gêné : qui montre de la timidité.
le visage : partie avant de la tête de l'homme ou de la femme.
se mettre à (faire quelque chose) : commencer à.
rieur : ici, heureux, gai.

– C'est amusant, dit la jeune femme. Quand je vous regarde, j'ai l'impression de vous connaître.

– Euh..., dit Lou, ma copine dit qu'on se ressemble… C'est peut-être à cause de ça ! Vous restez longtemps à Paris.

– Trois jours seulement.

– Votre français est excellent, dit Lou.

– C'est une longue histoire… je ne peux pas la raconter maintenant. Une autre fois peut-être...

Suzy écoute la conversation des deux jeunes femmes.

– Vous êtes libre samedi soir ? demande-t-elle à la jeune Chinoise. On va à une fête. Vous voulez venir avec nous ? Lou accompagnée de son sosie, ça va être amusant, non ?

– Bonne idée ! dit Lou. Venez ; ainsi, on va pouvoir bavarder un peu. Et vous allez rencontrer nos amis.

– Peut-être, répond la jeune guide. Donnez-moi votre numéro de portable, je vais vous appeler. Je m'appelle Meï et vous ?

– Moi, c'est Lou. Mon portable, c'est le 06 54 33 94 21. Vous m'appelez ?

– Promis, répond Meï. À bientôt !

– Au revoir, dit Lou, et peut-être à samedi !

« Et voici la Grande Dame de fer. Construite par Gustave Eiffel pour l'Exposition universelle de 1889… »

Peu après, la promenade en bateau se termine. Suzy, Charlotte et Lou se séparent.

amusant : qui fait sourire, rire ; divertissant.
longtemps : un long espace de temps.
un sosie : personne qui, physiquement, est exactement comme une autre personne ; un double.
bavarder : parler tranquillement.

– Elle s'appelle Meï, répond Lou. Elle est guide touristique.

– Au revoir, les filles, bonne soirée ! dit Lou.

* * *

– Bonsoir maman, dit Lou quand elle arrive chez elle. Ça va ?

– Oui, répond Anne. Alors ta journée, bonne ?

– Excellente ! Je veux te montrer une photo… regarde !

Anne regarde et dit :

– Cette fille te ressemble énormément ! Qui est-ce ?

– Elle s'appelle Meï, répond Lou. Elle est guide touristique. Elle me ressemble, tu trouves ?

– Oui, répond Anne, et c'est surprenant !

Lou va se regarder dans la glace, son appareil photo à la main.

« C'est vrai, il y a quelque chose de similaire entre nous deux, c'est étrange ! »

la soirée : c'est le temps compris entre le moment où la nuit arrive et le moment où on va se coucher ; une soirée signifie aussi une fête, réception qui a lieu le soir.

une glace : objet où on peut se regarder quand on se peigne, se lave les dents... ; miroir.

COMPRENDRE

1. Vrai ou faux ?

	V	F
a. Suzy est en retard au rendez-vous.	☐	☐
b. Sur le bateau, il y a beaucoup de monde.	☐	☐
c. Un guide commente la visite en différentes langues.	☐	☐
d. Charlotte s'ennuie pendant la promenade.	☐	☐
e. Suzy et Lou parlent d'une fête qui a lieu samedi soir.	☐	☐

2. Cochez les monuments de Paris cités pendant la promenade en bateau-mouche.

a. Notre-Dame
b. Le Sacré-Cœur
c. Le Pont-Neuf
d. L'Opéra Garnier
e. L'Hôtel de ville
f. L'Arc de Triomphe
g. La Tour Eiffel
h. Le Louvre

3. Entourez la bonne réponse.

a. Sur le bateau, une touriste ressemble à *Charlotte – Lou.*

b. Suzy prend une photo *de la touriste et de Lou – de Charlotte et de Lou.*

c. Suzy propose à la jeune femme d'aller *au cinéma – à une fête* avec elles, samedi soir.

d. La jeune femme *accepte – va réfléchir.*

4. Qui dit quoi ? Reliez.

a. Regarde cette fille là-bas.
Elle te ressemble, c'est incroyable !
b. Je suis guide.
c. Vous êtes libre samedi soir ?
d. Je vais vous appeler. Je m'appelle Meï.
e. Il y a quelque chose de similaire entre nous deux, c'est étrange !

1. Lou
2. Suzy
3. Meï

Chapitre 5

La soirée chez Laurent

– Ma chérie, demande Anne à sa fille, qu'est-ce que tu fais ce soir ? Ton père et moi, nous allons au cinéma, tu viens avec nous ?

– Non, répond Lou, je sors : Laurent fait une petite fête, c'est son anniversaire. Des copains de l'école et Suzy vont venir.

– Parfait, dit Anne. Je suis contente pour toi. Amuse-toi bien.

Lou va se préparer. Elle met un jean noir, un pull violet et, au cou, sa petite pièce chinoise. Elle brosse ses longs cheveux et fait une tresse. Ce soir, Lou ressemble à une jeune Chinoise ! Elle a un cadeau pour Laurent : le dernier CD de Raphaël. Ses chansons sont sympas et ils aiment bien tous les deux ce chanteur. Laurent et elle ont beaucoup de goûts communs et ils se retrouvent souvent pour bavarder, se promener, aller au cinéma... Ce sont de très bons amis. Peut-être qu'un jour…

– Bonne soirée, maman, dit Lou quand elle part.

– À toi aussi, ma chérie ! répond Anne.

* * *

Il fait bon, ce soir, et Lou décide d'aller à pied chez Laurent. Quand elle arrive chez lui, **quelques** invités sont là.

– Salut Lou, dit Laurent. Oh, mais tu es magnifique ce soir !

– Normal, c'est ton anniversaire..., répond Lou. Tiens, c'est pour toi.

Elle lui donne son cadeau.

– Merci, Lou !

– Bonsoir la Miss, très chinoise ce soir..., dit Suzy à Lou. Meï vient, c'est pour ça ?

– Peut-être, répond Lou. On va voir...

– Vous voulez un verre de vin blanc, les filles ? propose Laurent.

– D'accord, disent-elles et elles vont au buffet.

Là, elles retrouvent des amis de l'école et parlent avec eux. Laurent met une chanson de Bob Marley. Suzy danse avec un grand garçon de l'école. La soirée est agréable. Lou se met aussi à danser. Elle oublie le travail, les dossiers, les examens ; elle s'amuse, elle sourit. À un moment, Laurent vient et lui dit :

– Lou, une de tes amies, ou peut-être ta cousine, est là. Elle est **charmante**, comme toi !

– Ah ! Meï, je suis contente de te voir, dit Lou. Voici Laurent, et Suzy que tu connais. Viens manger quelque chose.

quelques : ici, un petit nombre (d'invités).
charmant : qui a un aspect très agréable.

– Oh ! dit Meï, j'ai le même pendentif que toi… c'est un souvenir…

– Je n'ai pas faim, répond Meï mais je vais boire un verre. Moi aussi je suis contente de te voir.

Lou **se penche** un peu pour servir un verre à Meï.

– Oh ! dit Meï, j'ai le même pendentif que toi... c'est un souvenir...

– Ah oui ?! mon pendentif est aussi un souvenir, répond Lou, pensive. Il vient de Chine, de mes premiers mois là-bas ; mais pour moi, tout ça est un mystère. Viens, on va s'asseoir sur le sofa, pour bavarder…

■ **se pencher :** s'incliner.

Une fois installées, Meï dit :

– C'est étrange, tu sais, Lou... mon pendentif vient de ma mère. Je l'ai depuis ma naissance. Ma mère…

Et Meï raconte son histoire : sa famille très pauvre, la naissance des sœurs jumelles, le départ du père, la décision de la mère : se séparer d'une de ses filles, la mort de sa sœur jumelle peu après son départ pour Hong-Kong, la vie chez son oncle et sa tante…

L'histoire de Meï est longue et les deux filles ne voient pas le temps passer. De temps en temps, quelqu'un vient les voir :

– Alors, les filles, dit Laurent, vous venez danser ?

– Une minute, dit Lou, nous avons plein de choses à nous dire !

Ensuite, Lou raconte ce qu'elle sait sur son adoption, c'est-à-dire peu de chose : elle vient de Chine et c'est tout. Puis elle parle de sa vie à Paris, de sa famille.

– Voilà le gâteau…, annonce Suzy. Venez ! Laurent va souffler les **bougies**.

– On arrive, dit Lou.

Le salon est dans le noir. La sœur de Laurent arrive avec le gâteau et ses 23 bougies.

– *Joyeux anniversaire, joyeux anniversaire, joyeux anniversaire, Laurent, joyeux anniversaire !*

Laurent souffle et **éteint** toutes les bougies. Tout le monde applaudit. Lou propose de couper le gâteau et Meï

une bougie : bâton de cire ou de paraffine qui donne de la lumière quand on l'allume ; une chandelle. *Sur les gâteaux d'anniversaire, on met des bougies ; une par année.*
éteindre : contraire d'*allumer.*

– Ton histoire est magnifique, dit Lou, mais elle m'intrigue.

sert les invités. Laurent s'occupe du champagne. Le gâteau au chocolat **fait maison** est délicieux !

Meï et Lou s'installent près de la fenêtre pour manger le dessert. La vue est belle, on voit un peu l'Arc de Triomphe.

– Ton histoire est magnifique, dit Lou. Mais elle m'intrigue : ton pendentif vient de ta mère, j'ai le même que toi… je viens de Chine… on a le même âge, on se ressemble…

Les deux jeunes filles cessent un moment de parler... elles réfléchissent...

Brusquement, Lou demande :

– Ta sœur, elle est morte ? tu es sûre... ?

fait maison : qui est élaboré à la maison, pas acheté.

– Oui, répond Meï, pourquoi cette question ?... Non... ce n'est pas possible... tu penses que tu es... peut-être… ma sœur !

– Non, répond Lou, c'est une idée absurde !

– Je vais bientôt aller en Chine voir ma mère, dit Meï. Je vais parler avec elle. Elle est toujours très triste quand elle parle de ce moment de sa vie ; elle est aussi très évasive et un peu mystérieuse... c'est sans doute normal... c'est un souvenir très douloureux pour elle...

– Tout ça est incroyable, dit Lou. Cette histoire me perturbe... Viens, allons danser… Dis, tu as une photo de ta mère ?

– Oui, répond Meï, c'est une photo récente de maman, de cette année.

Lou regarde la photo : une femme est debout devant une rivière. Au loin, de hautes montagnes. Lou observe le visage de la femme : quarante ans, un peu ronde, les yeux vifs, très noirs en amande, le nez petit et bien dessiné, des cheveux très noirs... Elle porte un pantalon bleu et un pull rouge comme les **paysannes**.

– Elle est encore jeune, dit Lou. Tu lui ressembles beaucoup, vous avez les mêmes yeux et le même nez.

– Tu lui ressembles aussi…, dit Meï. Tout ça est **troublant** !

– Viens, on va danser…

Il est une heure du matin. Tout le monde part. Meï et Lou se donnent leurs adresses e-mail et se séparent.

un(e) paysan(ne) : personne qui vit à la campagne, cultive la terre ; agriculteur.
troublant : déconcertant, surprenant.

1. Vrai ou faux ?

	V	F
a. Lou va chez Laurent en métro.	☐	☐
b. Lou offre un CD à Laurent pour son anniversaire.	☐	☐
c. Lou et Laurent sont très amis.	☐	☐
d. Meï arrive chez Laurent avant Lou.	☐	☐

2. Entourez les bonnes réponses.

Qu'est-ce que Lou met pour aller à la fête chez Laurent ?

une robe rouge – une tunique blanche – un T-shirt violet – des boucles d'oreille – son pendentif – un jean noir

3. Cochez les phrases exactes.

- a. Pendant la soirée, Lou et Meï ne parlent pas beaucoup. ☐
- b. Meï découvre que Lou a le même pendentif qu'elle. ☐
- c. Meï dit que son pendentif est un cadeau de sa tante Alice. ☐
- d. La sœur jumelle de Meï est morte. ☐
- e. Lou et Meï décident de s'écrire des mails. ☐

4. Complétez le texte avec : *sûre, jumelle, pendentif, morte, ressemblent.*

Lou est un peu perturbée par la conversation avec Meï : elles se ......, ont le même ......, le même âge. Elle a une idée absurde. Elle demande à Meï : tu es ...... que ta sœur ...... est ...... ?

5. À votre avis, la sœur de Meï est morte ou pas ?

....

– Oh, je sens que tu vas me dire quelque chose…, dit Anne.

Chapitre 6

Le fil rouge

Quinze jours plus tard

Après ses cours au collège, Anne va **faire des courses** puis elle rentre chez elle.

Lou l'attend à la maison, très excitée :

– Bonjour maman, ça va ? fatiguée ? demande-t-elle.

– Un peu, répond sa mère, mais ça va et toi ? Oh, je sens que tu vas me dire quelque chose…

– Non… enfin oui, répond Lou ; regarde, c'est un mail de Meï… Elle rentre d'un voyage chez sa mère, en Chine. Assieds-toi, s'il te plaît...

– Une minute, ma chérie, dit Anne, je **retire** ma veste et je pose mon sac et mes courses. Tu peux nous préparer un thé ?

– D'accord ; mais après, tu m'écoutes ! Tu veux du lait ou du citron ?

– Un peu de lait. Prends le thé anglais et les petits gâteaux dans le **placard**.

faire des courses : acheter des aliments (pain, fromage...).
retirer : contraire de *mettre. J'ai chaud, je retire mon pull.*
un placard : armoire de cuisine.

Cinq minutes plus tard, Anne et Lou sont assises devant une tasse de thé et mangent des gâteaux.

– Hum, c'est agréable un bon thé ! Alors, qu'est-ce que tu veux me dire ?

– Ça va maintenant, tu peux m'écouter ? demande Lou. Donc… dans son mail, Meï dit que je suis peut-être… sa sœur ! Incroyable, non ? En réalité, sa jumelle n'est pas morte. Voilà toute l'histoire : après le départ de Meï, sa mère reste seule avec le second bébé. Elle n'a pas d'argent et elle part travailler en ville, dans une **usine**. Le bébé passe ses journées dans une garderie. La mère travaille beaucoup et voit très peu son bébé. Elle comprend qu'elle ne peut pas s'occuper seule de sa fille et elle prend une terrible décision : elle l'abandonne dans un **orphelinat**. Très triste, elle continue son travail mais, tous les soirs, elle pense à sa fille et pleure. Fatiguée, déprimée, elle décide de rentrer dans son village. Là, elle travaille à nouveau la terre. Les semaines passent... elle pense tous les jours à sa fille ; elle ne peut pas vivre sans elle. Elle décide d'aller la chercher mais quand elle arrive à l'orphelinat, le bébé n'est pas là ; il a une nouvelle famille. Elle cherche désespérément où il est, mais en vain…

Mme Ledoux écoute sa fille avec une grande attention. Elle la laisse parler, sans l'interrompre. Ses mains **tremblent** un peu et pour dissimuler son émotion, elle joue avec sa tasse. Elle est maintenant très blanche. Ses yeux sont

une usine : fabrique.
un orphelinat : lieu où on s'occupe des orphelins, c'est-à-dire des enfants sans père ni mère.
trembler : avoir des petits mouvements répétés, causés par la peur, l'émotion ou simplement le froid.

La mère de Meï part travailler en ville, dans une usine.

pleins de **larmes**. Elle pense à l'arrivée de Lou, à ses premiers jours avec Pierre et elle, à leur immense joie. Vingt-deux ans ensemble… **Tout à coup,** elle a peur de perdre Lou, leur fille chérie.

– Maman, ça ne va pas ? demande Lou. Tu es très **pâle**. C'est magnifique, non, de retrouver en même temps sa sœur et sa mère ?

Quand elle dit ces derniers mots, Lou comprend immédiatement la peine de sa mère.

– Mais ma maman, c'est toi ! s'exclame-t-elle, c'est toi, pour toujours ! Oh, maman, il ne faut pas être triste ! J'ai une sœur… et je la connais. C'est génial, non ? et surtout, ce n'est pas triste !

– Lou ma chérie, dit Anne, tu as raison mais je suis si **bouleversée** par cette **nouvelle**…

Lou prend sa mère dans ses bras et elles pleurent ensemble d'émotion.

Ce soir, Pierre n'est pas là ; il est en Suisse pour son travail. Anne et Lou passent la soirée à regarder l'album de photos qui date de l'arrivée de Lou à Paris. Anne commente les photos puis parle à Lou de tous les moments heureux passés avec elle.

* * *

une larme : goutte d'eau qu'on a dans les yeux sous l'effet d'une irritation, d'une émotion.
tout à coup : brusquement.
pâle : blanche.
bouleversé : qui éprouve une très forte émotion.
une nouvelle : ici, chose qu'Anne vient d'apprendre.

Imaginez la joie de cette paysanne quand elle retrouve sa deuxième fille !

Août

Lou va passer trois semaines de vacances à Hong-Kong, chez John et Alice. Elle retrouve Meï avec joie et elle découvre sa ville, qui est **superbe**.

Une semaine après son arrivée, elles prennent toutes les deux un avion pour la Chine, destination Guilin, l'aéroport qui est près du village de la mère de Meï. Imaginez la joie de cette paysanne quand elle retrouve sa deuxième fille ! Et l'émotion de Lou quand elle connaît enfin sa mère chinoise, cette femme pauvre et seule qui, à un moment très difficile de sa vie, a donné à ses filles un talisman : une petite pièce trouée attachée à un fil rouge... pour les protéger **à jamais** !

superbe : magnifique.
à jamais : pour toujours.

COMPRENDRE

1. Vrai ou faux ? **V F**

a. Lou a reçu un appel téléphonique de Meï. ☐ ☐

b. Meï rentre d'un voyage chez sa mère, en Chine. ☐ ☐

c. La sœur jumelle de Meï n'est pas morte. ☐ ☐

d. La sœur de Meï habite en Angleterre. ☐ ☐

e. La sœur de Meï, c'est Lou. ☐ ☐

2. Complétez le résumé de l'histoire de la mère de Meï avec : *village, décision, second, usine, famille, orphelinat.*

Seule avec son ...... bébé, la mère de Meï part travailler en ville dans une ...... Elle travaille beaucoup et voit très peu son enfant. Elle prend une grave ...... Elle abandonne son bébé dans un ......

Elle rentre dans son ...... puis elle veut retrouver sa fille. Mais c'est impossible ! Le bébé n'est pas là, il a une nouvelle ......

3. Cochez les phrases exactes.

a. Quelle est la réaction d'Anne quand elle apprend la nouvelle ?

1. Elle est très heureuse. ☐

2. Elle est bouleversée et elle pleure. ☐

3. Elle a peur de perdre sa fille. ☐

b. Quelle est l'attitude de Lou face à la réaction d'Anne ?

1. Elle est irritée. ☐

2. Elle lui dit des mots désagréables. ☐

3. Elle la tranquillise et dit qu'elle est sa mère pour toujours. ☐

4. Elle est affectueuse. ☐

4. Cochez la bonne réponse.

Lou va enfin connaître sa mère biologique. Où ?

a. À Paris. ☐ **b.** En Chine, dans son village natal. ☐

Imaginez...

a. Lou va aller vivre pendant un certain temps en Chine ?

b. Elle va apprendre le chinois ?

c. Meï va venir s'installer à Paris ?

d. Comment vont être les relations entre Meï et Lou ?

e. Que peut faire la famille Ledoux pour aider la mère chinoise de Lou ?

Réfléchissez...

a. Qu'est-ce que vous aimez dans cette histoire ? Pourquoi ?

b. Pensez-vous qu'elle peut se produire dans la vie réelle ?

Discutez...

a. Connaissez-vous des jumeaux ?

– Est-ce qu'ils se ressemblent physiquement ? par le caractère ?

– Est-ce qu'ils ont des relations différentes des autres frères et sœurs que vous connaissez ?

b. Connaissez-vous des enfants adoptés ?

– Connaissent-ils leurs parents biologiques ?

– Est-ce qu'ils désirent les connaître ?

– Est-ce qu'ils connaissent leur histoire ?

– Quelles relations ont-ils avec leur famille adoptive ?

c. À votre avis, il est préférable de dire la vérité aux enfants adoptés ou pas ?

d. Êtes-vous pour ou contre l'adoption d'enfants d'une autre culture ?

e. Connaissez-vous des gens qui ont quitté leur pays parce que leur vie est trop dure ?

CORRIGÉS

page 3

2. b. chinoise - économie - colonie - province - montagnes - riz

3. a. 4 **b.** 1 **c.** 2 **d.** 3

page 11

1. a. faux **b.** vrai **c.** faux **d.** faux **e.** vrai **f.** vrai

2. a. petite **b.** longs **c.** un pendentif **d.** se promener dans Paris

3. a. 2 **b.** 1 **c.** 3 **d.** 3 **e.** 1

4. a. travailler **b.** voir une exposition **c.** au restaurant

page 18

1. a. faux **b.** vrai **c.** vrai **d.** faux

2. la photo - la nature - les promenades - les livres

3. b - g - e - d - a - c - f

4. Une pièce chinoise attachée à un fil rouge.

5. a. 2 **b.** 1

page 25

1. a. chinoise **b.** guide touristique **c.** à Hong-Kong **d.** son oncle et sa tante **e.** d'une région pauvre de Chine **f.** française **g.** est morte h. sa mère

2. b - c - f - g - a - e - d

3. a. faux **b.** faux **c.** vrai **d.** vrai **e.** faux

page 32

1. a. faux **b.** vrai **c.** vrai **d.** faux **e.** vrai

2. a - c - e - g - h

3. a. Lou **b.** de la touriste et de Lou **c.** à une fête **d.** va réfléchir

4. a. 2 **b.** 3 **c.** 2 **d.** 3 **e.** 1

page 39

1. a. faux **b.** vrai **c.** vrai **d.** faux

2. un T-shirt violet - son pendentif - un jean noir

3. b - d - e

4. ressemblent - pendentif - sûre - jumelle - morte

page 46

1. a. faux **b.** vrai **c.** vrai **d.** faux **e.** vrai

2. second - usine - décision - orphelinat - village - famille

3. a. 2 - 3 **b.** 3 - 4

4. b.

N° d'éditeur : 10155861
Imprimé en France par CPI France Quercy, 46090 Mercuès
Dépôt légal : janvier 2010 - N° d'impression : 92129d